AF257751

OBSERVATIONS

Sur le projet de travailler, dans la circonstance présente, à la constitution de Saint-Domingue.

PAR un Créole du Sud, emprisonné au Nord, embarqué à l'Ouest, tranquille et bon citoyen par-tout.

premier Mars 1792.

QUOI ! l'on parle de jeter, dans ces jours de désolation et d'inexpérience, les bases de la constitution de Saint-Domingue ; de composer, pour un peuple formé de cent peuples divers, immoral et frivole, des pages hâtivement calquées sur les pages du livre de la loi, qui, au milieu d'une paix profonde, dans la plus belle époque de la philosophie et du patriotisme, coûta à la France trois années de méditations ! Eh ! quels esprits ont enfanté un

A

tel projet ! Quel vertige, quelle inconcevable déraison ont ainsi perverti les plus simples documens de l'art de gouverner ! Une place de guerre est-elle le berceau des lois ? Nos villes craintives peuvent-elles être leur sanctuaire, et la voix de la sagesse réformatrice pénétrera-t-elle dans le sein de nos campagnes désolées ? Le sens et les notions politiques les plus communes repoussent cette conception avec une force si vive, qu'il est imprudent de leur en confier la réfutation ; l'exposé seul de ses principaux inconvéniens la combattra victorieusement.

1°. Il est impossible que l'œuvre complet de la constitution coloniale, d'où dépend l'éternelle félicité de la contrée, puisse être fait par des esprits aussi préoccupés, aussi diversement agités.

2°. Sur quoi établirait-on ses bases ? Sur les travaux de la première Assemblée coloniale.... Mais quels sont-ils ces travaux, et quelle est leur amplitude ? Je conviens que le jet qu'elle a décrit, par son Arrêté du 28 mai, a étonné l'œil de l'homme d'Etat ; mais l'effet de cet acte et la compilation même de ses premiers travaux se réduisent à si peu de chose, qu'en vérité il n'est pas possible, quant aux nouvelles notions à acquérir, de les prendre en grande considération.

3°. Etablirait-on, d'après les observations faites par les quatre-vingt-cinq membres de cette assemblée, translatés en France, sur l'esprit public de France au sujet des Colonies, et sur les connoissances politiques et générales qu'ils y ont acquises, relativement aux intérêts communs de la métropole et des Colonies? Mais parmi les quatre-vingt-cinq (telle est leur dénomination connue), combien s'en trouve-t-il qui, après avoir fait nombre, seulement pour réhausser l'importance de cette étonnante translation, ne s'honorent que du beau titre de victimes de leur dévouement au salut de leur pays naturel, ou adoptif, et nullement de celui de coopérateurs vraiment propres à donner à la machine politique un mouvement hardiment et justement calculé sur les solutions du passé, les données presqu'indissolubles du présent, et le grand problême de l'avenir?

4°. Voudrait-on encore, avec plus d'apparence de raison, établir sur les instructions du comité colonial de l'assemblée nationale-constituante ? Qu'on voye la latitude de cet ouvrage: sans doute on y apperçoit un assez vaste projet de constitution ; on y respire les sentimens qu'on doit à la sage sollicitude de la vraie patrie ; mais avec un peu de réflexion, il est facile aux esprits qui embrassent sous tous ses rapports matériels et de haute politique la constitution propre à ce pays, de se convaincre que ce tableau n'est exactement qu'une légère esquisse ; qu'il n'offre pas même le croquis des lois réglémentaires ; si essentiellement attachées à l'organisation coloniale, qu'elles font partie de sa constitution : je m'explique.

Rien, dans le fait, n'est aussi simple qu'une constitution. Personne n'ignore que c'est l'heureux partage des corps et des personnes gouvernans, ou, si l'on veut, la séparation des pouvoirs. Quelques jours de profonde méditation, un plan nettement dessiné, et Saint-Domingue, à l'étonnement des siècles qui, jusqu'à nos jours, n'avaient conçu les Colonies que

comme l'archiépiscopat dont l'impérieuse et féo-
dale hiérarchie ecclésiastique acceptait le suf-
fragant, aura une saine constitution... Mais si
pour cet objet suprême (la constitution) la
France a cru les instructions nécessaires aux Colonies, si les Colonies, en dépit d'une légere
blessure dans leur amour propre pour ces mater-
nelles leçons, les ont reçues avec reconnaissance, et se proposent d'en faire profit, qu'on
m'apprenne si des objets secondaires, aussi volumineux qu'indispensables, objets que la France
n'a point encore décrétés, que la Colonie est
loin d'appercevoir, je veux dire, la réforme du
code civil, la perfection du code criminel, les
avis au commerce (il est libre, mais il doit être
appris par le génie français et celui des Ra nal),
qu'on m'apprenne si ces objets, si la privation,
dis-je, de ces objets, qui doivent à la fois composer les codes nationaux, et servir de type
aux lois des Colonies, n'est pas toute propre à
étouffer dans ce moment la proposition trè -in-
considérée de travailler à la constitution de Saint-
Domingue ?

Autre chose. Les Mirabeau, les La Rochefoucault ont été placés au directoire du département de Paris pour frayer, aux yeux de la France attentive, la marche des lois administratives ; pour tracer dans le sens de la révolution, la ligne de démarcation entre les corps populaires gouvernans. Cette théorie est-elle, aujourd'hui même, clairement écrite dans l'esprit du français regnicole ? Le rudiment en est-il parvenu au colon des Antilles ?

Combien toutes ces difficultés à former l'œuvre constitutionnel-colonial ne parlent elles pas contre l'impolitique, mais très-excusable précipitation de la colonie pour se montrer à l'assemblée constituante d'un peuple frémissant au bruit des chaînes qu'il allait briser ! Mais que dis-je !... Jettons un voile sur cette involontaire et trop funeste erreur ; épargnons d'affligeantes mémoires au répentir de Saint-Domingue infortuné.

5°. Je reviens. Supposons-là commencée cette constitution, et raisonnons :

En France, un des premiers soins de l'assemblée nationale, qui tenait dans ses mains l'énorme masse de l'édifice public, fut d'organiser les corps populaires. La loi fut décrétée : la loi fut ponctuellement exécutée, parce que le génie français était plein de confiance et de respect pour le destin qu'avait enfanté la volonté d'une grande nation. Il opérait pour un seul ordre de citoyens, nourris par l'honneur et disposés à une judicieuse obéissance ; il parlait à une seule caste ; mais dans les Colonies !... mais à Saint-Domingue !.... Mes réticences feraient la matière d'un volumineux ouvrage.

6°. Une seule considération doit éloigner l'œuvre constitutionnel : la voici :

Avant tout, il faut tracer l'échelle du droit d'activité. Pour cela faire, il faudra, non pas les journées de travail connues en France, &c., mais un projet de l'assemblée coloniale, lequel porté aux assemblées primaires et électorales supposées (1), demandera, pour être mis à exécu-

____

(1) A quelle profondeur, à quelle maturité de réflexions sur-tout, n'invite point les bons esprits de

tion, de deux choses l'une ; ou la richesse présente de l'individu, bien constatée , ou sa richesse légalement vérifiée antérieurement. La légalisation pour le premier cas serait, dans ce tems de trouble universel, je ne dis pas suspecte, mais impraticable : dans le second, il faudrait recourir aux recensemens généraux. Mais ce serait mélanger l'ancien et le nouveau régime ; s'éloigner à la fois de l'esprit du décret du 12 octobre 1790, et de la constitution française. Il me paraît donc impossible, dans le désarroi où se trouve la colonie, dans le resserrement absolu des personnes et des volontés, de constituer des assemblées légales et de faire des vérifications exactes. (2)

Pourquoi d'ailleurs parler d'organisation provisoire ? Ne serait-ce pas *bien* de laisser les cho-

---

Saint-Domingue l'intéressante constitution des Colonies !

(2) Je n'entends point parler de la légitimité de la présente assemblée coloniale : sa formation par paroisses est tout aussi légitime que l'a été celle de l'assemblée nationale par bailliages. Les termes de la loi du 28 septembre dernier viennent à l'appui de cette *opinion.*

ses comme elles sont en attendant qu'on puisse les faire aller *mieux*.

En effet, ce premier point constitutionnel, l'activité du citoyen, avoué impraticable aujou-d'hui, comment songer à passer outre? Les autres qui tiennent au patriotisme et sur-tout à la probité des fonctionnaires publics, soit de l'ancien régime, soit du nouveau, demandent des pouvoirs suprêmes coloniaux, une sévérité trop grande et des administrateurs quelconques une attention trop captive, pour espérer que St.-Domingue puisse obtenir de son esprit public actuel l'accomplissement de toutes ces belles et bonnes choses.

7°. Quelle sera la durée de cette guerre? Quelles en seront les suites? Les événe-mens peuvent tellement influer le mode de gouvernement à créer, que les nombreuses mo-difications qu'ils demanderaient dans la consti-tution *faite* nécessiteraient des amendemens si considérables, qu'ils équivaudraient, quant aux efforts de tête qu'exigerait la liaison des parties du nouveau tout, à une belle et bonne cons-titution *à faire*.

8º. D'ailleurs (cette observation est d'une telle importance qu'elle me paraît devoir déterminer l'opinion publique en faveur de l'ajournement que commande l'empire des circonstances , et que sollicite l'amour universel d'un bon citoyen français) , j'ai remarqué que Saint-Domingue a été de toutes les Colonies la seule qui, dès le commencement, ait manifesté un vouloir et des projets. Elle y a mis de la suite et beaucoup de cette énergie qui convient au génie et à la richesse des insulaires français ; mais malheureusement, dès le commencement aussi, ce vouloir a été mal décidé , et ses démarches encore plus mal dirigées. Peut-être son influence de richesse, qu'elle ne se dissimulait point, et dont elle a porté l'illusion à un dégré extrême , lui avait fait prendre un trop haut essor. La moyenne région manquée , elle est tombée dans une mer de divagations politiques , d'incertitudes , de craintes , d'animosités de citoyens contre citoyens , de suspicions de provinces à provinces , vraies sources de nos dissentions intestines , jusqu'à l'époque de l'insurrection. Aujourd'hui elle est dans l'abîme des plus déplorables infortunes ; aujourd'hui elle renonce, ou doit renoncer à la gloire d'offrir le modèle de la constitution coloniale. Saint-Domingue est réduit à attendre des nouvelles des autres Colonies , afin de former une unité de projets et de vœux , que ses misères et les désastres de ses diverses compagnes , trop malheureux jouets de l'imprévoyance humaine , porteront au jugement et à la sensibilité de la mère-patrie.

Il est facile de présenter , sous le jour de la plus évidente vérité, cet apparent paradoxe en faveur de la temporisation.

Il n'est pas un colon , attentif à l'émission des desirs des Colonies , qui ne voye qu'elles diffèrent d'opinions sur le palladium qu'elles opposent à la France , pour se préserver des atteintes de son esprit de philosophie ou de philanthropie , je veux dire, leur régime intérieur, *l'ignorance du législateur français sur leurs convenances locales.*

D'après cela, chaque Colonie aura la prétention, ou plutôt la présomption de faire sa constitution : soit ; mais qu'on me résolve cette difficulté: les Colonies de l'Asie ont manifesté, des intentions plus accommodantes que celles de l'Amérique pour le peuple intermédiaire. Vraisemblablement leur constitution mollira sur ce point fondamental, et une paix éternelle viendra couronner cette généreuse condescendance. Supposons maintenant que Saint-Domingue, par le plus heureux coup du sort, parvienne à calmer ses factions, et que, maître absolu du destin des peuples, il leur fasse subir le joug de la loi nouvelle ; supposons aussi que les pères du peuple intermédiaire, que les maîtres, oublieux des pertes qu'ils ont souffertes, dans le sentiment et dans leur fortune, goûtent les douceurs de la paix, avec d'autant plus de complaisance qu'elle a été chèrement achetée, et qu'ils la croyent durable. Poursuivons: le sort de ces Colonies est essentiellement différent: (3) là, la loi a été reçue des mains de

____

(3) Quelque bienfaisant et clairvoyant que soit l'auguste ministère des commissaires nationaux-civils, je

la générosité par la reconnaissance ; ici, elle est donnée à la soumission par l'autorité. Hé bien ! le commerce, colporteur des dépouilles de la terre et des richesses du génie, établit entre ces contrées des communications aussi intimes que fréquentes : les peuples raisonneront sur les principes et les conséquences de leur gouvernement : la plus active surveillance n'éteindra point le flambeau de la comparaison. Quel en sera le danger ? Le peuple aspirera aux biens, ou réels ou imaginaires, que les relations dénaturent, que l'éloignement grossit si facilement dans l'imagination des habitans de cette zone.... Saint-Domingue a-t-il pu éloigner de ses bords ensanglantés l'irrésistible puissance de l'exemple qu'offre la France ? Les cendres du dernier incendie ne couvriront-elles point de nouveaux tisons ? Faudra-t-il réformer la constitution, et Saint-Domingue aura-t-il la honte d'avoir man-

---

suis convaincu qu'il s'introduira dans les Colonies des différences d'organisation : les Colonies de l'Afrique, de l'Amérique et de l'Asie n'ont point les mêmes commissaires.

qué le but qu'auront atteint ses heureuses ri-
vales ?

Non, non, je ne conçois point comment une
Colonie peut individuellement oser parler de
constitution, sans consulter toutes les Colonies, sans attendre, non plus des instructions
de la France, incessamment bienveillante ; mais
les conseils et la rude expérience du tems, sou-
verain modérateur des hommes et des choses (4).

Alors la constitution se fera ; alors, législa-
teurs de Saint-Domingue, en peintres habiles,
et placés dans le seul jour qui convienne à la
perfection, et surtout à la durée de ce grand
ouvrage, vous employerez les couleurs qui se
présenteront sur votre palette. Dans cette pé-
nible, mais indispensable attente ; tenez-vous

---

(4) Il faut bien attendre, puisqu'il est mo-
ralement et même physiquement démontré que l'assemblée coloniale ne veut prendre qu'éventuellement
les arrêtés du régime intérieur, que le salut des personnes et la conservation des propriétés implorent
à hauts cris.

sous les armes ; connaissez des affaires générales ;
entretenez une correspondance active au dedans
et au dehors ; préparez les tables qui doivent
recevoir la loi nouvelle ; disposez le peuple à
une obéissance raisonnée ; qu'il aime sa première
patrie ; qu'il soit fidèle aux conventions politiques et au *traité* de commerce qu'il fera avec
elle ; qu'il songe enfin que la morale publique
et privée, que l'amour de l'ordre et de la paix,
dont incessamment vous répandrez les germes,
composent la félicité générale et le bonheur do-
mestique.